AF290865

Bernhardin Mercy

Gott – wer bist du (eigentlich)?

„eigentlich" = Definition bei Wikipedia:
„der Wirklichkeit entsprechend"

Verlag: tredition GmbH, Hamburg

ISBN
Paperback: 978-3-7439-0189-6
Hardcover: 978-3-7439-0190-2
e-Book: 978-3-7439-0191-9

Aus dem Inhalt

Lange habe ich darüber nachgedacht, wie ich die unterschiedlichen Texte
zu einem Buch zusammenfügen könnte. Nun habe ich die Lösung: Ich
füge sie gar nicht zusammen, ich lasse sie einfach so stehen.

Einfach so stehen.

Gesagt – getan.

Üben soll ich:

Freundlichkeit,
Bescheidenheit,
Tatendrang,
Dankbarkeit,
Zufriedenheit,
Toleranz.

Santo Bandito!

Wassollichdennnochalles?

Ich hatte eine Verabredung mit Gott.

In einer Kirche.

Es wurde gebetet, gesungen und gepredigt.

Aber der liebe Gott war nicht da.

Es war ihm zu fromm.

Ich hatte einen Termin mit Gott.

In einer Synagoge.

Aber sie ließen mich nicht rein.

Sie ließen mich erst gar nicht rein.

Da ging ich wieder nach Hause.

Ich dachte, ich hätte eine Verabredung mit Gott.

In einem Tempel.

Aber ich konnte es dort nicht lange aushalten.

Es roch so stark nach Weihrauch.

Darum musste ich raus.

Ich hatte ein Meeting mit Gott.

In einer freikirchlichen Gemeinde.

Sie sagten, ich solle mich taufen lassen.

Aber ich bin doch schon getauft.

Auf deinen Namen.

Ich suchte Gott.

In Rom im Petersdom.

Aber ich konnte mich nicht auf ihn konzentrieren;

es gab mindestens einen Grabscher dort.

Und immer noch suchte ich Gott.

Dieses Mal in einer evangelischen Kirche.

Aber der Martin auf dem Ölgemälde sah mich so finster an.

Das nahm ich persönlich und – Reißaus.

Ich versuchte es noch einmal in der katholischen Kirche.

Aber man sagte mir, es täte ihnen leid, ich sei ausgeschlossen von den Sakramenten.

Rom wollte das so.

Da hörte ich auf, dich zu suchen.

Und urplötzlich fand ich dich …

Überall und Jederzeit.

Das Telefonat

„Wollen wir uns morgen mal treffen?"

„Nee, das geht nicht, ich gehe sonntags zum Gottesdienst."

„Du?"

„Ja, ich."

„Was sind denn da für Leute?"

„Och, alle möglichen, das kann ich schwer erklären. Das Gemeinsame ist wohl, die waren alle schon mal ganz unten. Darum verstehen sie einander auch so gut."

„Hä?"

„Ja, in der Kirche wird auch gelacht, laut gelacht."

„Komisch."

„Und die haben auch nicht nur diese harten Stühle, die haben auch zwei Sessel und ein Sofa. Da sitze ich immer drauf."

„Du bist doch gar nicht behindert."

„Nein, das ist für die Gemütlichkeit. Ein Hund ist auch beim Gottesdienst dabei. Beim Friedensgruß wird der auch gesegnet."

Hier teilt sich die Geschichte in zwei Stränge
a)   „Nimm mich doch mal mit!"
     (und dann fliegt der Schwindel auf)

oder
b)   „Tschüss, äh, ich ruf dich nächste Woche noch mal an."

Ich hatte schon mal ein All-Einheitserlebnis.

Da war ich erst zehn

bzw. da war ich schon zehn.

Ich schwamm, bzw. ich paddelte

in einem kleinen Fluss.

Besser gesagt, ich paddelte da in der lehmigen Brühe.

Plötzlich dachte ich:

Wenn du, Gott, allgegenwärtig bist,

dann bist du nicht nur in mir,

dann bist du auch im Wasser anwesend,

und in der Erde, und in der Luft.

In der Sekunde wurde ich unbeschreiblich glücklich. Später las ich in einem Buch, dass das Pantheismus ist. Seitdem bin ich Pantheistin.

(unter anderem).

Jesus,

wo warst du eigentlich versichert?

Bei der AOK oder bei der Techniker?

Was frag ich so blöd;

du brauchtest keine Versicherung,

du hast dich selber behandelt.

Mit dem Segen deines Vaters hast du dich geheilt.

Du hattest es gut. Privatversicherte hier bei uns müssen schon mal locker 800 Euro und mehr blechen. Im Monat!

Dafür dürfen sie dann in einem separaten Wartezimmer Platz nehmen, erlesene Magazine lesen und kommen früher dran.

Ist das nicht peinlich?

Wenn sie zum Arzt reingerufen werden,

haben sie oft ein Problem:

die Ärzte prognostizieren bei ihnen prozentual viel häufiger „ernste" Erkrankungen und raten viel häufiger zu Operationen.

Was glaubst du, warum?

Du, Jesus, hast geheilt ohne Versicherungskarte.

Einfach so.

Einmal hast du zehn Leute auf einmal geheilt. Einer ist zu dir zurückgekommen und hat sich bedankt.

Einer.

Ein anderes Wunder:

Du hast Brote vermehrt, sodass eine riesige Menschenmenge satt wurde.

Das ist be-wunderns-wert!

Ich habe einen Magierkurs gemacht, hat mich 1000 Euro gekostet – gebracht hat's nichts.

Ich konnte noch nicht mal fünf Brote unter dem Zaubertuch verstecken.

Damals mit Brot und Fischen ist es wie heute mit der Tafel, nur musste man damals keinen Berechtigungsschein vorzeigen.

Bei dir nicht. Bei dir ist jeder Hungrige berechtigt. Und jeder Kranke Privatpatient.

Ein wenig eifersüchtig bin ich schon.

Bezüglich der wunderbaren Brotvermehrung …

Dass du das so einfach gebracht hast.

Auf die Speisung selber hätte ich keine Lust gehabt; ich mag sowieso keinen Fisch.

Und wegen der Brotbrocken

wäre ich nicht extra vorbeigekommen.

Außerdem standest du im Mittelpunkt. Das kann ich schon gar nicht ausstehen.

Also mit der Brotvermehrung kannst du mich nicht wirklich beeindrucken.

Ich bin nur dann beeindruckt,

wenn ich im Mittelpunkt stehe.

April 2014

Papst Franziskas hat zwei Päpste heiliggesprochen.

Warum denn gleich zwei?
Einer hätte doch gelangt,
und dann hätte er noch einen Müllmann
und eine Kassiererin dazunehmen können.

Und überhaupt,
was soll die Heiligsprecherei?

Heilig sind wir alle.
Entweder alle oder keiner.

Ist doch wahr!

Vor 2000 Jahren

war es in der Kirche noch transparent,

finanziell gesehen.

Dreißig Silberlinge befanden sich in einem Beutel.

Das wissen wir noch heute.

Seitdem hat sich vieles verändert.

Monetär.

Monetär kommt bestimmt von la moneta – das Geld.

Heutzutage wissen wir nicht, wo die Silberlinge sind,

nehmen aber an, dass sie auf Banken geparkt oder in Immobilien angelegt sind.

Wir wissen nicht, wem genau die Silberlinge gehören noch wofür sie ausgegeben werden.

Viele Fragen und wenige Antworten.

Aber das soll sich ja bald ändern.

Transparenz ist das neue Zauberwort.

Judas Iskariot,

danke, Judas;
dass du dich bereit erklärt hast,
deinen Herrn zu verraten.
Dass du diesen miesen Job angenommen hast.

Ohne dich, ohne deinen Einsatz wären wir verraten und verkauft;
ohne dich wären wir ohne Erlöser. Danke, dass du dich geopfert hast.
Danke dafür, Judas.

Ich habe ein Buch gekauft, im 1-Euro-Shop:
das „Große Buch der 1000 Vornamen", für genau 1 Euro.
Namen, Herkunft, Bedeutung, Varianten.
Deinen Namen, Judas, konnte ich nicht finden.
Er ist nicht dabei. Judas steht nicht drin.

Ich werde weitersuchen.
Judas, Bruder.

Inzwischen habe ich tatsächlich weiter gesucht.

Judas – Judah hebräisch
bedeutet der Gelobte, der Gepriesene.

Judas als Jungenname ist in Deutschland erlaubt, weil der Name auch auf einen anderen Judas als den Jesus-Verräter hinweisen kann.

Nun interessiert mich doch mal,

ob der Name Kain als Jungenname in Deutschland erlaubt ist.

Und ob der Name Kain auch auf einen anderen Kain als den Bruder von Abel hinweisen kann.

Doch, warum sollte er das?

Der Kain hat mir immer richtig leid getan.

Einen derart perfekten Bruder als den Abel neben sich zu haben, das ist ein ganz, ganz schweres Schicksal …

Als er, der Kain, dann auch noch erleben musste, dass Abels Opfer Gott wohlgefällig war – seines dagegen nicht (so wurde das jedenfalls interpretiert) –

na ja, da ist ihm der Gaul durchgegangen.

Oder muss es heißen: Der Gaul mit ihm durchgegangen? Ist ja auch egal. Ich muss ja nicht perfekt sein.

Da gehört jedenfalls ganz viel Charakterstärke dazu, wenn einem dann nicht die Hand ausrutscht.

Und so hatte Kam doppeltes Pech:

Zuerst wurde sein Opfer nicht gewürdigt,

dann handelte er sich auch noch einen Fluch ein.

Armer Kerl.

Besser es hätte kein Stein da gelegen.
Mit Sand zu schmeißen ist weniger gefährlich.

Auf die USA bezogen:
Besser, es gäbe keine Waffen in Schubladen und Safes.
Denn nicht einmal ein Safe ist sicher,
wenn man den Schlüssel dazu hat.

Gott

So allmählich verstehe ich deinen Sohn.
Er hat doch gesagt:
Liebet eure Feinde.
Will ich auch machen.
Wenn man nämlich Feinde hat,
so erhöht das das Risiko im Leben.

Wenn man Todfeinde hat,
kann das tödlich sein.
Ansonsten kann man richtig alt werden.

Also besser man hat keine Feinde.
Ich will meine auch wohl lieben …
außer ein paar.

Das sind dann Erzfeinde.

Vor einigen Wochen

war ich für einige Momente im
Ich-liebe-alle-Menschen-Modus.

Danach war das weg.
Wer kann die Zeit noch mal zurückdrehen bis dahin?

Es muss doch irgendjemanden geben, der das kann.
Der dafür zuständig ist.

Wenn es den (noch) nicht gibt,
dann (er)finde ich den eben. Dann mach ich das.

Jetzt und vor einigen Wochen und jetzt
bin ich für einige Momente im
Ich-liebe-alle-Menschen-Modus.

Ich kann das wiederholen.
Ich kann das wieder holen.

Jederzeit in jeder Zeit.

Wenn ich zurzeit einem Bettler begegne, gebe ich nichts mehr.

Ich finde, ich habe schon genug gespendet.

Nun ist mal ein anderer, nein,

nun sind mal andere dran.

Ich habe aber eine gute Lösung für meinen Gewissenskonflikt. Dann bete ich immer: Lieber Gott, lass jemand anderen vorbeikommen, der ihm was gibt.

Das ist günstig für mich.

Da spart man ganz schön was bei ein.

Oder ich frage:

„Waren Sie denn schon beim Amt, dort können Sie Hilfe bekommen. Trauen Sie sich!"

Ich möchte meine Erfüllung bestimmen,

dann kann ich meine Bestimmung erfüllen.

Das klingt doch hehr.

Hehr, das Wort gibt es fast gar nicht mehr.

Auch Wörter kommen und gehen.

So ist das eben.

Neulich fragte ich Jesus:

„Was ist meine Bestimmung?"

Jesus: „Folge mir nach."

„Aber nicht nach Golgatha!"

„Da war ich schon, da musst du nicht mehr hin."

„Heißt das, Karfreitag ist schon vorbei?"

„Ja, ein für alle Mal, er ist vorbei. Ihr seid schon erlöst."

„Da bin ich aber froh. Haben wir denn schon Ostermontag?"

„Ich BIN bereits auferstanden."

„Was soll ich denn nun als Nächstes tun?"

„Verkünde das Evangelium."

„Das würde ich ja gerne tun, aber manche Leute sind dann genervt oder sogar sauer auf mich. Denen darf ich mit so was nicht kommen."

„Dann verkünde es, ohne meinen Namen zu nennen, oder verkünde es unhörbar."

Jesus,

seit Kurzem trage ich dein Zeichen,
das Kreuz an einem Neonband um den Hals.

Neonfarben sind jetzt in.
Für dich habe ich Maigrün genommen,
wegen der Hoffnung.

Manchmal nehme ich es ab.
Man weiß ja nie, wie ein anderer Mensch drauf ist.

Vielleicht ist er in einem früheren Leben
in/unter diesem Zeichen mal hingerichtet worden
und hat noch böse Erinnerungen daran (unterbewusst).

Man weiß ja nie.

Da muss man ganz schön vorsichtig sein.
Ich meine behutsam und verständnisvoll.

… wie hast du in der Bergpredigt gesagt:

„Selig seid ihr,
wenn euch die Menschen schmähen
und alles Böse fälschlich wider euch reden …“

Gefällt mir gar nicht,
wenn mich die Menschen schmähen …

Aber wenn du das sagst …

Dann musst du mir aber auch helfen,
dass ich nicht zurückschmähe.

Ich kenne mich,
ich bin nämlich so ein Typ.

Lieber Gott,

früher bzw. vorher hätte ich
niemals „lieber" Gott gesagt.
Seitdem ich weiß,
dass ich selber göttlich,
also Auch-Gott bin,
sage ich das immer.

Außer, wenn ich richtig sauer bin (auf dich),
dann sage ich bloß „Gott", ohne das „lieber".

Sprüche & Ungereimtes

Der Verstand trat geschlossen zurück.

Jeder Fehlschlag kann ein Segen sein.

Was soll ich machen, wenn mein drittes Auge weint?

Haben Fliegen auch eine Seele?

Wie erschieße ich einen Engel?

Wir alle sind heruntergekommene Göttinnen und Götter.

Frieden, meine Lieben! (Du hast gut reden.)

Du kannst nicht duschen, ohne nass zu werden.

Weine nicht immer alleine, deine Tränen brauchen eine Adresse.

Die Welt gibt Vorzug den sogenannten Schönen und Reichen – und was dann?

Manche gehen erst im Jenseits in Rente. Andere nie.

Entweder ihr zieht die Kettenhemden aus, oder ihr macht so weiter wie bisher.

Willst du das Licht oder das Unlicht?

Leid kann (und darf) man nicht vergleichen.

Der Himmel ist kein Versandhauskatalog.

Probleme? Augen auf und durch. (Das hab ich von dir.)

Du musst nicht töten – Großmut ehrt den edlen Ritter.

Man kann dich beherrschen, zähmen kann man dich nicht.

Die Medizin darf Leben retten; sie darf keines erschaffen.

Warum lassen die Menschen zu, dass Gott das zulässt?

Jeder denkt an sich, nur ich denk an mich.

Die höheren Wesen geben Schulung für die nächste Etappe, nicht für die übernächste.

Halte dich nicht zu lange auf im Tal der Verantwortungslosen, dort ist Nicht-Gut-Sein.

Schön sein ist gut sein; wer schön ist, ist gut. (Kennen Sie Kerstin?)

Das Karma ist aufgelöst, wenn du es auflöst. (Sag ich doch.)

Alle Seelen treffen nach dem Tod Engel. Einigen ist das so unangenehm, dass sie augenblicklich Reißaus nehmen.

Es ist gefährlich, anderen Menschen Visionen beweisen zu wollen. Entweder erzeugt es Widerstand, Spott oder Neid. Also lass es lieber.

Versöhnen und vertöchtern, am besten, solange du noch Kinder/Eltern hast. Posthum ist es schwerer. (Einspruch: Posthum geht es genauso.)

Haben Sie doch Mitleid mit dem Teufel, es macht keinen Spaß, immer böse zu sein.

Am Montag habe ich Teller abgewaschen, drei sind noch sauber. Da bin ich aber froh.

Streicheln Sie den Globus und wünschen Sie ihm Gesundheit und Liebe. Auch er lebt und merkt alles.

Es ist keine Schande

wenn du dicke Beine,

kein Geld auf dem Konto

oder keine Haare hast

oder verrückt bist.

Du bist nicht allein.

Willkommen im Club.

Alles bloß Sprüche

Wer schreibt, der bleibt – und nicht nur der.

In der DDR gab es keinen „lieben Gott". Dafür gab es einen „lieben Wal-
ter".

Auf den Seiten „Lokales"
gibt es viel regionalen Bluff zu lesen …
Auf den Seiten Überregionales
gibt es viel internationale Politik zu lesen.

Wenn im Herbst die Blätter runterfallen und im Frühling alles wieder grün
wird; das ist Liebe.

Ich glaub, ich spinne, sagte die Spinne.

Die häufigste Nebenwirkung beim Sterben ist der Tod. Wir sind ohnehin
unkaputtbar!

Ich bin der Teufel,
du bist mein Weihwasser.

Es war Liebe auf den ersten Blick. Dann krachte alles zusammen.

Zum Schluss werde ich
mit einem Zettel am Zeh rausgetragen.
Ich laufe gern barfuß
und der Namenszettel ist gut,
dann kann ich immer nachlesen,
wie ich heiße.

Gerne hört man gerne.

Sie waren so ehrlich,
das war so herrlich.

Gerade bin ich anwesend abwesend.

Ich trink noch einen „coffee to sit".

Geachtet oder geächtet,
der Unterschied liegt in ¨.

Gestatten, mein Name ist Niemand.
Damit bin ich auf der sicheren unsicheren Seite.

Ich hab privat.
Hast du auch privat
oder hast du öffentlich?

Gänse biologisch stopfen,
dazu fällt einem nichts mehr ein.

Ich hab noch keine Außerirdischen gesehen;
vielleicht waren die gerade auf dem WC.
(Oder haben die gar keine Verdauung mehr?)

Olympische Spiele?
Olympische Ernste.

Vorige Woche standen wir vor dem Abgrund.
Heute sind wir schon ein Schritt weiter.

Schilddrüse = Schulddrüse?
So einfach kann man das nicht übertragen.

Mamah, wir klauen keine Kinder,
wir haben schon genug.

Heute Morgen sah ich aus wie Frau Grau.
Heute Mittag sah ich aus wie Frau Graus.
Am Abend sah ich aus wie Frau Maus.
In der Nacht sah ich aus wie Frau Aus.

Lieber Gott, kümmer' dich,
damit ich endlich Ruhe krieg.

Shit happens.
(Ist nicht von mir, ist Allgemeingut.)

Welcome to paradise oder welcome to hell.
Such dir was aus.

Jetzt geht's aufwärts, sagte der Obdachlose,
als er drei leere Flaschen gefunden hatte.

Die Mutter war ein paar Mal außerehelich unterwegs.
Oh-oh!

Kinder sind teuer,
wenn sie auch noch lieb sind, dann sind sie lieb und teuer.

Der Haussegen hängt schief.
Hauptsache der Hausfluch hängt gerade.
(Blöder Spruch, was?!)

Noch einer von der gleichen Sorte:
Dein Ja ist grundsätzlich mein Nein.Ich will immer alles zu meinen Guns-
ten haben.
Besonders auf dem Bankauszug.

Heutzutage gibt es ja für alles Tee.
Ich hatte mich verlesen,
ich las Schmutzengeltee.
Das „m" war zu viel.
Das muss weg.

Scheißert der Euro, dann scheißert Europa.
Wer hat da gelispelt?

Liebe ist auch mal Klappe halten.

Und wenn du nur ein mal im Leben Liebe fühlst,
so wird es doch dein ganzes Leben verändern.

Das Unheil, welches du nicht angerichtet hast, ist dein Verdienst.

Selbstliebe ist, zu einem unfreundlichen Menschen zu sagen: „Ich bin ein
netter Mensch, nun seien Sie doch auch ein bisschen freundlich zu mir."

Jeet et? (Jeet = geht, hier also: geht es?)
Et jeet.
Dann jeet et.

Daaf dat dat? (Daaf = darf, hier also: darf das das?)
Dat daaf dat!
Dat dat dat daaf!

Jesus trifft man nicht in der ersten Klasse, es sei denn,
er macht gerade ein Praktikum als Servicekraft.

Ich wollte noch absagen,
da war es schon zu spät.
Ich war bereits befruchtet.

Mit genügend Sehnsucht
kannst du auch aus der tiefsten Hölle rauskommen.

Udo, die zarteste Versuchung
seit es junge Männer gibt …

Ein Ja-Mensch werden – ein Ja-Mensch sein.
Ja, ein Mensch sein.

Liebe ist, wenn Treue Spaß macht.

Aus einem Brief an eine Freundin:
Wenn wir noch älter sind,
können wir noch mehr Quatsch machen.

Ab sechzig darf man pausenlos in seinen Taschen was suchen. Was, weiß
man nicht so genau. Das macht es so spannend.

Für diese Schokolade lasse ich jeden Mann stehen.
Stimmt nicht, ich esse sie dann im Gehen.

Fisch sagt zu Fisch: „Zeig mir deine Flosse,
ich sage dir deine Vergangenheit voraus.“

Haben die Sanitäter Opas Zähne verschlampt?
Schlimmer, sie haben sie verkauft!

Ich brauche dich, das Haus und den Hund, Schatz,
ich will die Scheidung nicht!
Das sind doch Argumente!

Habe ich denn vergeblich vergeben?
Adelbert hat sich partout nicht geändert.
Er hat sich kein bisschen gebessert.
Darum nehme ich meine Vergebung zurück.
Das hat er nun davon.

Herr, vergib ihnen,
denn sie wissen, was sie tun.

Keine Liebe ohne Nein.
Kein Nein ohne Liebe.

Ich bin die Qualzüchtung;
ich will Vergeltung.
Mensch, nimm dich in Acht!

Du hast dich schon erlöst.
Du hast es nur noch nicht
ver-wirklicht.

Wenn du ein Kilo abnehmen willst,
musst du 50 Stunden lang sexuell aktiv sein.
Überleg dir das gut.

Wir drohen nicht,
wir drohnen.

Der Himmel ist kein Versandhauskatalog.
Doch, das ist er;
aber wie oft bestellt man und er liefert einfach nicht.

„Auch Christus konnte dieses Mal dem Weltmeister nicht helfen.“

Zitat eines Reporters bei der WM 2014 in Rio, als Spanien verlor.

„Es gibt doch Gerechtigkeit in diesem Leben!
Da oben hat einer aufgepasst!"

Zitat eines Reporters bei der WM 2014 beim 1:0 für Costa Rica gegen Italien.

Plötzlich glauben sie wieder an was Höheres.
Und die Fußballer?
O Wunder,
sie bekreuzigen sich und beten!
Das ist wunderlich.
Aber es geht ja auch um viel Geld.
Und weinen können sie auch, echte Tränen.

***

Mein einmaliger Freund war,

wie soll ich es ausdrücken, von der schnellen Truppe. Ich denke, ich muss ihm mal etwas ganz sacht erklären. Sage also: „Mit Männern verhält es sich oftmals wie mit einem Gasherd; der Gaskocher ist schnell entflammt und kühlt dann schnell wieder ab. Mit Frauen verhält es sich oftmals wie mit einem Elektroherd; die Elektroplatte braucht eine Weile, bis sie heiß ist, und kühlt dann erst langsam wieder ab. Hast du verstanden, was ich damit sagen will?" „Ja.", antwortet er. „Und nun komm schon."

Das war die Geschichte von meinem einmaligen Freund.

Vor vielen Jahren liebte ich 500-Euro-Scheine.

Vor einigen Jahren liebte ich 50-Euro-Scheine.

Jetzt liebe ich 5-Euro-Scheine.

Santo Bandito! Bald bin ich bei 5 Cent.

Aber vorher geb' ich das Saufen auf.

Ganz bestimmt!

Morgen!

Auf der Insel Mauritius

gibt es einen Felsen, auf dem lebten entlaufene Sklaven. Eines Tages – im Jahre 1827 – kamen Polizisten auf den Felsen. Mehrere Sklaven stürzten sich aus Angst vor Verhaftung in den Abgrund.

Die Polizisten brachten eine Nachricht:

Sie verkündeten das Ende der Sklaverei.

Ich sehe so viel Verachtung in Ihrer Oberlippe,

dass ich mir Ihre Unterlippe erst gar nicht ansehen mag.

***

Was wollen wir wählen?
Wir werten Wähler:
Respekt oder Respektlosigkeit,
Verständnis oder Urteil,
Kritik oder Akzeptanz,
Verachtung oder Hochachtung,
Konfusion oder Klarheit,
Ansprüche oder Dankbarkeit,
Chaos oder Ordnung,
Hass oder Liebe?

Wir haben die Wahl.

***

Alle Wunden möchten (müssen) heilen;
auch die zukünftigen.

Wenn in den Nachkriegsjahren Bettler an unsere Tür kamen und um Essen baten, dann sagte meine Mutter niemals: „Wir haben selber nichts."

Sie sagte immer:

„Warten Sie mal einen Augenblick."

Einmal war der Betondeckel unserer Regenwasserzisterne abgehoben. Meine Mutter brauchte nämlich das weiche Wasser für die bevorstehende Wäsche.

Eine Bettlerin aus der Stadt kam und fragte:

„Haben Sie extra den Deckel abgehoben, damit ich da reinfalle?"

Fast verlegen antwortete meine Mutter: „Nein."

Ich, fünfjährig, bin erstarrt. Heute, Jahrzehnte später, weiß ich, was mit der Frau los war; sie war traumatisiert. Wie gut, dass man nach so vielen Jahren das Denken verstehen kann und ein Wort dafür hat: „traumatisiert".

Nicht und Nichts verjährt. Alles wartet, bis es eine Erklärung, einen Ausdruck, eine Zuordnung findet.

Und meine Mutter?

Sie konnte nicht fassen, dass ein Mensch ihr so etwas zutrauen konnte.

Darum sagte sie nur: „Nein", und: „Warten Sie einen Augenblick."

Sie ging nämlich ins Haus und holte ein paar Äpfel und Kartoffeln für die Frau aus der Stadt.

Manche Mütter sind so.

In der Hecke auf dem Ästchen,

baut ein Vogel sich ein Nestchen.

Legt hinein zwei Eierlein,

brütet aus zwei Vögelein.

Rufen die Vöglein piep piep piep,

Mütterchen, ich hab dich lieb.

Kindervers

An meinen Scheidungsvater:

Leider hast du nach Mamas und deiner Scheidung fünfzehn Jahre lang unentschuldigt gefehlt.

Mit welchen Worten soll ich dich denn nun ansprechen? 70 Prozent aller Scheidungsväter kümmern sich – gerechnet auf die Lebenszeit – nicht um ihre Kinder. Du liegst im Trend.

Mein Vater hasst seinen Vater, der hasst seinen Vater und der hasst seinen Vater.

Das ist dann wohl eine Erbkrankheit.

Ich hasse meinen Vater nicht, er tut mir nur leid. Außerdem kann man unreine Haut kriegen von zu viel Hass.

Das muss nicht sein.

Die Ansage bei der Städtischen Hotline lautet: „Sie haben eine Wartezeit
von circa vier Minuten. Wir bitten um etwas Geduld.“

Gott, bei dir gibt es keine Wartezeiten, bei dir wird man immer sofort
gehört.

Ich sagte, gehört.

Gehört heißt nicht automatisch erhört.

Manchmal sprichst du,

aber der Mensch hat Bohnen in den Ohren.

In dem Fall kannst du auch nichts machen.

Gestern hat ein Mann zu mir gesagt:

„Das Wetter ist zu schön, um schlechte Laune zu haben.“

Dabei regnete es.

Ich bin die Fernbedienung:

zapp zapp durchgezappt.

Mikrobe bin ich (ist nett).

Und natürlich: Zelle!

Da schreibe ich mal einen Brief an mich.

Ich beginne:

„Liebe Zellen,

meistens wird über euch gesprochen und nicht mit euch. Ich möchte mit euch reden, stelle aber keine direkten Fragen. Das wäre euer unwürdig.

Ich weiß, ihr seid die Grundlage unseres Lebens in dieser Form. Ihr seid Grundlage materiellen Lebens. Ihr tragt alle Informationen in euch.

Ihr habt das Bewusstsein der gesamten Evolution der Erde, der Welt."

Jetzt gerade antwortet ihr:

„Ja, so sind wir, das sind wir. Wir leben in euch, wir leben aus euch, wir leben von euch, wir leben mit euch und durch euch; umgekehrt ist es dasselbe."

„Das beschreibt euch", stimme ich zu.

Nun zeigen die Zellen mir ihren Aufbau in Bildern.

Sie sagen: „So tut man das doch, wenn man möchte, dass jemand einen kennenlernt, dass er näherkommt, dass er einen versteht. Was tut man dann? Man lädt ihn in sein Haus und zeigt ihm die Räume."

„Genau", antworte ich, „nur so geht es."

„Ja" fahren sie fort: „Wir sind die kleinsten selbstständigen Funktionseinheiten innerhalb deines Körpers. Wir nehmen Stoffe auf, verarbeiten sie und geben sie wieder ab. Wir sind in der Lage, Reize aufzunehmen und zu verarbeiten. Wir können wachsen und uns vermehren. Dazu benötigen wir Sauerstoff, Nährstoffe und eine gleichbleibende Umgebung. Der Abtransport von Sauerstoffprodukten ist notwendig. Wir sind auf verschiedene Aufgaben spezialisiert: Wir Muskelzellen verrichten mechanische Arbeit, wir Drüsenzellen produzieren Stoffe und sondern sie ab."

„Ja, klasse", sage ich. „da denkt man im Alltag gar nicht so dran."

Wieder nehmen sie das Wort, und das aus gegebenem Anlass: „Der Baulärm im Haus macht uns zu schaffen. Wenn der einsetzt, fangen wir augenblicklich an zu zittern. Durch die Kraft des Geräusches geraten wir in Alarmbereitschaft. Da du nicht imstande bist, den Lärm abzustellen, müssen wir ihn gemeinsam ertragen. Ihn zu tragen, bedeutet eine wirkliche Last. Zuerst versuchen wir, du und wir, uns gegen den Lärm zu immunisieren, indem wir ihn bagatellisieren. Es ist nicht so schlimm. Das muss eben sein!

Doch wenn der Lärm eine bestimmte Stärke überschreitet und eine bestimmte Dauer anhält, dann können diese Schutzgedanken nicht mehr wirken. Die Geräusche greifen uns an, setzen uns in ungewünschte Bewegung, in Vibration, werden schmerzhaft, und wir können in Schock geraten. Der Schock versetzt uns in den Zustand des Nicht-mehr-fühlens, der Betäubung oder einer gefühlten Vereisung. Wir schalten ab, wir sind gekränkt, sind beleidigt.

Verstehst du uns?

Verstehen die Menschen uns? Sage es ihnen weiter!

Lärm schockiert.

Er blockiert unsere normalen gesunden Funktionen. Wir geraten in Ausnahmezustand und ihr mit uns. Es ist, als ob Krieg ausgebrochen wäre, nein, das ist Krieg.

Wie ihn befrieden?, fragst du.

Einfache Sache: meiden und vermeiden.

Wir reden hier nicht vom gesunden Lärm, von lebendigen Geräuschen des Lebens. Geräusche aus der natürlichen Welt bewirken etwas in euch, sie treten in Kontakt, sie sind in Resonanz mit euch und ihr mit ihnen.

Sie können etwas in euch erwecken: Liebe, Zärtlichkeit, Wehmut, Sehnsucht, Trauer, Zorn, Angst, Mut, Erkenntnis. Tretet mit ihnen in Kontakt, sie passen zu euch, sie gehören zu euch.

Ihr kennt das, Töne erzeugen in Reden, in Musik. Töne können euch, wenn sie eine bestimmte Frequenz haben, in nichtkörperliche, also geistigseelische Zustände versetzen. Seht ihr, dass und wie alles miteinander verbunden ist?

Wenn wir Zellen müde sind, seid ihr müde.

Wenn ihr erfreut, erfrischt seid, sind wir es.

Wenn ihr still seid, sind wir es und umgekehrt.

Wir sind also untrennbar miteinander verbunden. Wir danken euch und ihr mögt uns danken.

Wir danken uns und ihr mögt euch danken.

Hier bin ich, die Samen- und die Eizelle,

die sich gerade verbunden haben.

Und dann das!

Ich höre und fühle Menschen denken und reden:

Hallo, Baby!

Willkommen auf dieser Erde, der Erde der Gesunden, Erfolgreichen, Hochbegabten, der Superstars, der VIPs, der Topmodels, der Diamantkinder!

Als Spitzenmodel der Schöpfung bist du willkommen. Aber wehe, wenn du einen Schaden haben solltest, etwas taub, etwas blind, krank sein solltest, ein Klumpfüßchen, eine Hasenscharte, einen Herzfehler mitbringen solltest:

Dann bist du nicht erwünscht.
Dann bist du kein Schätzchen
und wirst das niemals sein.
Dann bist du kein Schatz!
Dann sagen wir einfach: Zutritt verboten.
Dann sagen wir NO ENTRY zu dir.
Dann bleib, wo du bist oder kehre dahin zurück.

Mit herzlichen Grüßen von Mutter und Vater,
vom Onkel Doktor, Schwester Marion,
von Opa und Oma Staat.

Wir erledigen das früh für dich (so höre ich euch denken). In begründeten Ausnahmefällen auch später, viel später. Oder richtig früh, in der Petrischale, im Reagenzglas. Da werdet ihr als unwertes Leben deklariert und abgesaugt, ausgeschabt, weggeätzt, eingefroren.

Nun rede ich – Bernhardin

Und nun, da schon alle Dämme gebrochen sind, frage ich Sie: Wann bitte sehr, wird aus pränatal postnatal? Das wäre dann prä mortem.

Warum wollen die Menschen nicht kapieren, dass aus pränatal auch postnatal und umgekehrt werden kann? Wohin gehen sie denn, die kleinen Seelen?

Obwohl – kleine Seelen gibt es nicht.

Wohin gehen sie denn, wenn sie den Ort unserer Hinrichtung verlassen?

Seit Einstein wisst ihr doch: Energie geht nicht verloren.

Ihr seid doch so schlau. Glaubt ihr (nicht) an Wiedergeburt? Dann müsstet ihr wissen, dass, wenn ein Embryo in fünf Leben hintereinander abgetrieben wurde, er sich entscheiden kann, den Spieß umzudrehen, um das nächste Mal als Mörder wiederzukommen.

Präimplantationsdiagnostik ist erfunden worden.

Da wird nicht nur diagnostiziert, da wird selektiert unter dem Motto: Nimm eins, tu acht weg.

Anpassung der ethischen Werte an den Fortschritt heißt das heute.

Das bedeutet, dass es auf lange Sicht nur noch kerngesunde, hochleistungsstarke Staatsbürgerinnen und Staatsbürger gibt.

Das spart Kosten, Verantwortlichkeit, Mitgefühl.

Kinder, Kinder, das hatten wir doch schon mal vor circa 70/80 Jahren!

Nur dass es jetzt pränatal und nicht postnatal ausgeübt werden soll. Die Ethikkommission ist mit von der Partie. Postnatal ist es Mord, pränatal ist es – ja, was denn? Elternliebe oder was?

Wissenschaftlicher Fortschritt?

Keine Ahnung.

Nun simmer wieder soweit. Wir, die Gegner von Euthanasie, wir, die Erschauernden angesichts renovierter, zur Schau gestellter besuchbarer KZs.

Wir, die wir rufen, singen und beten:

Nie wieder! Nie wieder! Nie wieder!

Wir, die Bedauernden jeglicher Vernichtung sogenannten unwerten Lebens.

Nun machen wir es wieder wie früher, nur früher. Nun simmer wieder soweit.

In weniger als 100 Jahren bin ich die Tötungsanstalt.

So wie es schon jetzt die Schlachthöfe für Tiere gibt, analog hierzu eine Anstalt für Menschen.

In meiner Institution ist alles unblutig und voll hygienisch. Der Akt wird mit sterilen Spritzen vollzogen.

Danach wird der Körper ausgeschlachtet nach Ersatzteilen für Organempfänger und dann entsorgt.

Das Ganze dauert nur wenige Stunden. Es herrscht Hochkonjunktur in dieser Branche. In mir ist immer „was los". Bis auf die Kunden und das Dienstpersonal ist alles voll elektronisch. Alles läuft reibungslos. Das liebe ich.

Ich diene dazu, dem Staat Kosten zu ersparen.

Zulieferer für meinen Betrieb sind Meldeämter, verschiedene Institutionen, Ärzte – und auch Privatleute, wenn die den Verdacht haben, dass eine bestimmte Person für den Staat ineffizient zu werden droht.

Überwacht werde ich von der Gesundheitspolizei und der sogenannten Ethikkommission.

Das Gesetz besagt, dass JEDE Person ab 60 Jahren sich alle fünf Jahre bei mir melden muss.

Bei dem Check werden Gesundheit, Bildungsstand, Effizienz der betroffenen Person geprüft.

Hauptkriterium ist, ob dem Staat in der Zukunft Kosten entstehen werden, wie hoch die geschätzt werden und ob der Klient (so werden die Geladenen genannt) selber dafür aufkommen kann und wird.

Zu diesem speziellen Zweck wird eine Kommission gebildet. Für eher konservative Bürger oder Romantiker trägt sie den Namen „Erlösungshilfe".

Emanzipierte Menschen nennen mich, also mich als Anstalt, ME, das bedeutet „Menschliche Entsorgung". Bei der Überprüfung wird nach einem Punktesystem vorgegangen:

Gesundheit, Besitz, Berühmtheit, Nützlichkeit.

Allerdings kann ein Teilnehmer mit einer schlechten Gesundheit dieses Manko durch seine Berühmtheit nicht ausgleichen, es sei denn, er hätte große Besitztümer. (Das Punktesystem garantiert Gerechtigkeit.)

Dann wird er am Leben gelassen. In fünf Jahren muss er sich wieder melden.

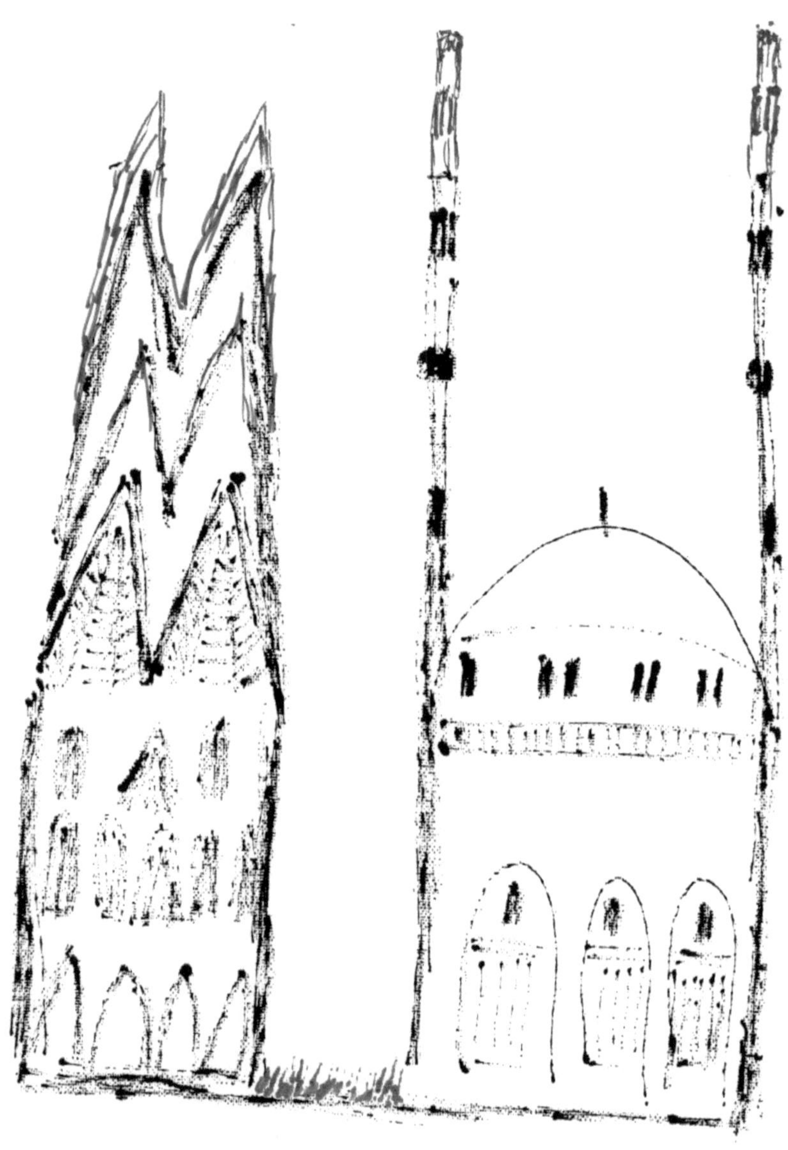

Nun bin ich die, welche Fernsehen schaut.

Programmunterbrechung, Amoklauf Schule. Fünfzehnjähriger schießt wild um sich. Noch keine Verletzten, noch keine Toten.

Ich sage zu dem Jungen (mental):

„Eh, Junge, ich verstehe dich, der ganze Frust, die vielen Demütigungen, die du erlebt hast. Du fühltest dich schwach.

Und dann kommst du an Vaters Knarre, das kommt dir gelegen. Du fühlst dich megastark. Die dich vorher gedemütigt haben, lehrst du das Fürchten.

Platt legen sie sich auf den Boden unter die Schultische. Die Lehrer desgleichen.

Da fühlst du Genugtuung.

Endlich, endlich Respekt. Du hast eine wichtige Botschaft an die Menschen, an die Gesellschaft: Ohne Wertschätzung, ohne Hochachtung geht es nicht. Merkt euch das!"

Jetzt heißt es im Fernsehen, du hättest die Schule verlassen. Das Sondereinsatzkommando hat dich gesichtet und beobachtet dich. Es wird gemeldet, dass du dir die Waffe an die Schläfe hältst.

Nun bin ich die, welche zu dir sagt: „Junge, tu das nicht. Ich will nicht, dass du dir was tust. Du bist nicht böse. Du bist nicht schlecht. Jetzt steckst du im Schlamassel, aber da kommst du raus. Noch ist nichts Irreparables passiert! Bislang hast du nur in die Luft geschossen. Du hast niemanden verletzt, alles kann noch gut werden. Tu dir nichts, mein lieber Junge! Wirf die Knarre einfach weg und gut ist.

Du denkst: Aber ich wohne doch hier, alle wissen, was ich gemacht habe.

Klar wird es eine Gerichtsverhandlung geben, steh' gerade für das, was du getan hast. Du hast Dutzende Menschen in Angst und Schrecken versetzt, in Todesangst.

Dafür entschuldige dich!

Das ist Größe, damit zeigst du Charakter.

Wahrscheinlich bekommst du eine Haftstrafe. Na und? Nutze sie, um zu lernen für dein Leben, für deine Zukunft. Ich werde dir einen Brief in den Knast schicken. Das verspreche ich dir. Besuchen werde ich dich wohl nicht, aber wenn du möchtest, öfter schreiben.

Wenn der ganze Trubel vorbei ist, kannst du woanders hingehen, neu anfangen.

Nun spreche ich mit dem SEK:

„Bitte, bitte, seien Sie behutsam. Seien Sie gut zu dem Jungen, sprechen Sie ihm gut zu, damit er verzichten kann. Damit er verzichten kann."

Nun bin ich der Präsident

des Landgerichtes, der diesen Brief erhalten hat.

Ich antworte der Absenderin:

Ihr Schreiben an den „jungen Mann"

Sehr geehrte Frau XYZ,

Ihr Engagement in dieser Sache ist für mich ein positives Zeichen von Bürgersinn.

Der Betroffene befindet sich weiterhin im Jugendstrafvollzug. Sinn und Zweck eines Jugendstrafvollzugs ist vor allen Dingen auch die erzieherische Einwirkung auf straffällig gewordene Jugendliche. In diesem Rahmen werden unter anderem auch erhebliche Anstrengungen unternommen, die Persönlichkeit eines solchen Täters zu formen und zu stabilisieren.

Da ich nicht absehen kann, wie Ihr Schreiben auf den Betroffenen wirken würde, habe ich davon abgesehen, es weiterzuleiten, und sende Ihnen Ihre Unterlagen insgesamt wieder zurück.

Mit freundlichen Grüßen

i. V.

Schmitz-Meier-Müller oder so

VPräsLG

Auch das bin ich,

die im Hauptbahnhof.

Ich gehe in Richtung Rolltreppe.

Die Luft ist klar und kalt. Ich denke, bald bin ich zu Hause. Dann sehe ich dunkelrot und dunkelgrün und dann nichts mehr. Dann sehe ich schwarz, tiefschwarz, das schwärzeste Schwarz meines Lebens.

Ich befinde mich in einem senkrechten Schacht, ich stehe aufrecht, Platz genug für mich.

Es ist wie in einer riesengroßen Dose: kein Geräusch, kein Wetter, kein Gefühl, keine Anwesenheit, außer der meinen. Falls ich durch den runden Schacht durchfalle, stürze ich geradewegs, mit den Füßen nach unten, mit dem Kopf nach oben in die „Hölle".

Das ist mir klar.

Ich selber habe keine Entscheidungsmöglichkeit. Was immer geschieht, es geschieht und es ist richtig.

Es passiert nicht mit mir, ich selber passiere.

Ich bin einverstanden mit mir, mit dieser Situation. Was weiter geschieht, überlasse ich dem, was passiert. Alles ist recht, alles ist richtig. Alles ist schwarz.

Keine Angst, Schmerzen, Wut, Freude oder Liebe.

Es ist, wie es ist, und es ist richtig.

Ich bin allein.

Alles ist in Ordnung. In der Ordnung.

Nichts passiert, einzig, ich passiere.

Der Schacht ist wie eine überdimensionale Dose.

Ich stehe auf dem Boden dieser Dose.

Er ist fest. Geschlossen. Er öffnet sich nicht.

Ich frage: „Was passiert, wenn sich der Boden öffnet?"

Antwort: „Dann fällst du in die Hölle."

„In welche Hölle?"

„In deine Hölle, die, welche du dir geschaffen (bereitet) hast, und die du bis auf den heutigen Weg weiterbetreibst, in Gang hältst."

Ich frage: „Woraus besteht diese meine Hölle, was ist ihre Essenz?"

Antwort: „Deine Selbstvernichtung."

Nun öffne ich die Augen und sehe hoch über mir das Glasgewölbe des Bahnhofes.

Mein zweiter Blick erkennt mehrere Personen, die um mich herum hocken oder stehen und auf mich niederschauen. Mir ist klar, ich liege auf dem Bahnsteig, muss wohl ohnmächtig gewesen sein. Eine Frau hält meine Hand, sie fragt mich: „Wie geht es Ihnen?".

Wahrheitsgemäß antworte ich: „Gut."

So ist es; keine Angst, keine Schmerzen, keine Wut, völliges Befinden in diesem Augenblick, auf dem Asphalt des Bahnsteiges mit diesen offenbar liebevollen, besorgten Menschen um mich herum.

Sie sind wegen mir hier, sie möchten mir helfen, das ist deutlich.

Die Dame, die mich gefragt hat, trägt eine Strickjacke. Ich denke, dafür ist es doch viel zu kalt, sie müsste doch einen Mantel oder eine dicke Jacke tragen in dieser Jahreszeit.

Dann hocken da noch zwei Sanitäter bei mir und es stehen zwei Männer dort, die sind ihrer Uniform nach von der Bahnhofssecurity.

Und dann ist da noch dieser Mann, etwa 50 Jahre alt, im Tweedmantel, der immer wieder besorgt auf mich schaut. Es können noch mehr Menschen um mich sein, aber das weiß ich nicht.

Es müssen noch mehr Leute anwesend sein.

Der Herr im etwas altmodischen Mantel reckt immer wieder den Kopf, um mich zu beobachten. In Liebe. Ich glaube, er wartet auf ein Zeichen der Entspannung von mir.

Schräg hinter ihm steht der Zugschaffner, der mich während der Fahrt kontrolliert hat. Ich höre ihn zu einem Reisenden sagen: „Wir haben jetzt acht Minuten Verspätung." Mir wird klar, dass der Zug wegen mir noch hier steht. So viel Aufmerksamkeit macht mich stolz, aber nun ist es auch genug, ich meine, acht Minuten sind genug. Also mache ich eine gleitende Bewegung mit der Hand in Fahrtrichtung und sage: „Dann müssen Sie jetzt auch mal langsam weiterfahren."

Ich will den Zugverkehr nämlich nicht mehr weiter aufhalten.

Einer der Sanitäter sagt zu mir:

„Wir fahren Sie jetzt ins Krankenhaus."

Ich bin einverstanden, denn mit der Straßenbahn hinzufahren, das traue ich mir im Moment nicht zu.

Die nette Dame in der Strickjacke und der Schaffner verschwinden im Zug, die Sanitäter fassen mich mit festem Griff links und rechts unter.

Einige Reisende kommen uns entgegen, ich denke: „Die denken jetzt doch hoffentlich nicht, dass ich was verbrochen habe und abgeführt werde …"

Da fällt mir ein, dass Sanitäter nicht abführen, das machen doch andere Leute …

Im Rettungswagen wird mir gesagt, eine andere Reisende hätte mich umgelaufen, da wäre ich auf den Rücken gefallen. Das hatte ich vergessen.

Und die Dame in der Strickjacke wäre per Lautsprecher aus dem Zug gerufen worden. Sie wäre Ärztin.

Aha, das macht Sinn.

Die Sanitäter bringen mich zum Krankenhaus und liefern mich dort ab, lassen sich etwas quittieren und fahren dann wieder.

Ich habe alles dabei, meine Umhängetasche, meine Mütze und Brille. Alles an Ort und Stelle.

Ein Arzt kommt zu mir an die Trage. Er erscheint mir ziemlich gestresst. Ich sage zu ihm:

„Wenn Sie so genervt sind, dann gehe ich gleich wieder." Er antwortet nicht, scheint meine Worte auch nicht übel zu nehmen, sie beeindrucken ihn nicht einmal.

Vielleicht denkt er: „Die kommt sowieso nicht weit."

Ein CT wird gemacht. Wieder kommt der Arzt an meine Trage und sagt: „Ich habe schlechte Nachrichten für Sie, Sie haben eine beidseitige Gehirnblutung."

„Aber nicht so schlimm?", frage ich trotzig. „Nein, nicht so schlimm", gibt er zu.

Ich frage weiter: „Was ist denn nun die schlimmste Lösung und was ist die beste?"

„Operieren oder resorbieren."

„Ich nehme die zweite", sage ich.

Der Arzt behält mich auf der Intensivstation. Ich denke: „Das ist das erste Mal in meinem Leben, man muss alles mal mitgemacht haben, dann kann man auch über alles mitreden." In den nächsten sechs Stunden denke ich ohne Unterbrechung: „Resorbieren, bitte resorbieren, auflösen, bitte auflösen."

Morgens beim nächsten CT ist so gut resorbiert, dass ich „auf normal" kann.

Es tut mir leid, dass andere Menschen in meinen Unfall involviert waren. Das möchte ich in Zukunft nicht.

Also affirmiere ich: Bei nächster Gelegenheit werde nur ich, nur ich alleine, mit meinem Unfall zu tun haben.

Vier Wochen später erfülle ich mir meinen Wunsch: In der Dunkelheit stürze ich über einen Betonklotz. Niemand ist dabei. Nur ich allein.

Umgehend korrigiere ich meine Affirmation in: „Ich bin und bleibe gesund und wohlbehalten."

Bis heute hat's gehalten,

dank mir.

Da kann man mal sehen, es ist nicht „egal", was man denkt. Es hat Konsequenzen.

Klingelingeling, die Elektrische kommt.

Schaffner muss sich plagen,

wer noch einen Groschen hat,

der steigt in den Wagen.

Der Peter, der Peter löst einen Schülerschein.

Der Peter ist schon groß,

der fährt alleine los.

Alter Kinderreim, Verfasser unbekannt

Ich bin 98 Jahre alt.

Meine Nichte Regina besucht mich oft im Altenheim. Ich nenne nicht ihren Namen und sage „Sie" zu ihr. Sie ist doch schon groß.

Ich sage zu ihr: „Das Leben ist komisch, ich habe es angenommen im späten Alter."

Ich bin gar nicht mehr richtig lebend.

Die Nichte geht immer auf Wegen durch, die weiß immer, wo sie ist.

Ich bin, was ich jetzt gesagt habe.

Das war das.

Nehmen wir das Schöne hier.

Heute, heute, das finden wir dann.

Ich werde hingestellt und dann werde ich gewaschen, gebürstet, abgerubbelt.

Meine Zähne sind nicht gut. Ich habe noch zwei.

Hier ist ja richtig schön.

Alle Menschen machen, dass sie wieder ins Reine kommen. Eines weiß ich: dass ich hier sterben kann, hier wo ich bin. Ich weiß überhaupt nicht, wie der Herrgott das will.

Allerlei. Regen ist da.

Haben Sie einen Regenschirm? Haben Sie einen Lebensschirm? Den können wir brauchen.

Wir lachen.

Ich weiß nicht, wo ich gehen muss. Ich hab gar nicht die Beziehungen, die ich gern hätte.

Meine Schwester und mein Bruder sind schon lange tot. Die sind aber manchmal hier und besuchen mich.

Jetzt weiß ich gar nicht, welchen Weg ich habe. Komisch, nicht?

Sehen Sie mal die Männer mit Rollator. Die sind alt. Alte Männer stolpern über das Graue.

Wo kann ich meine Wohnung wiederfinden?

Gehen sie mit? In meinen Alter ist zero, null für null ist alles null. Dass ich jetzt keine finde von meinem Bruder und Schwester.

Die suchen mich hier. Es wird ganz komisch sein, wie ich mein Leben auch absauge.

Kann ich gebracht werden von ihnen in ein Häuschen? Egal wo man hingebracht wird, zu welchem Häuschen. Es könnte sein, dass es länger dauert, das weiß man nicht. In meinem Ohr macht es „dididit".

Man geht dem Himmel wieder entgegen.

Es ist so, dass wirklich der andere Weg gegangen werden muss. Ob man da eine gute Stelle bekommt?

Da unten auf der Erde geht es weiter und wir sind so weit. Ja, so ist es und doch immer wieder von Neuem gelaufen, geguckt und getan wird.

Inzwischen will ich wohl alles sein, nur kein Gespenst. Ich will mich doch nicht selber erschrecken!

Zeigt her eure Füße, zeigt her eure Schuh',

und sehet den fleißigen Waschfrauen zu.

Sie waschen, sie waschen, sie waschen den ganzen Tag.

Sie spülen …

Sie wringen …

Sie hängen …

Sie bügeln …

Sie falten …

Sie ruhen …

Sie trinken …

Sie tanzen, sie tanzen, sie tanzen den ganzen Tag.

(Falls sie nicht zu müde sind dazu.)

altes Kinderlied, Verfasser unbekannt

Wer oder was war ich noch nicht?

Wo war ich noch nicht?

Bei den Dämonen.

Beim Denken des Wortes Dämonen stürzen sie auf mich zu und wollen mich ergreifen. Ich befehle ihnen, sechs Meter Abstand zu halten und verstärke die „Ich-befinde-mich-in-einer-Kugel-aus-goldenem-Licht-nur-Gutes-erreicht-mich-und-ich-erreiche-das-Gute"-Schutzhülle.

Ich sage: „Ich rede mit euch."

Die Dämonen reagieren darauf und antworten:

„Wir sind ehrenwerte Leute. Ihr tut immer so, als wären wir eure Feinde. Ihr redet von uns als die Bösen. Das ist nicht christlich. Wir möchten (auch) gut sein, wir fühlen uns von euch diskriminiert. Immer schließt ihr uns aus.

Du bist in Wirklichkeit eine von uns. Wir wollten dich wiederhaben, aber du verhieltest dich unerreichbar für uns. Darum folgten wir deinem Sohn. Wir verfolgten ihn mit Pech. Über ihn als Stellvertreter konnten wir dich treffen."

„Das hat er nicht verdient", weise ich sie zurecht.

Die Dämonen fahren fort: „Wir haben deinen Sohn verfolgt und damit dich zermürbt. Du hast uns nicht adoptiert. Wir wollen auch gut sein. Nun, da du dich uns zugewandt hast, ist dein Sohn nicht mehr interessant für uns. Wir lassen ihn jetzt in Ruhe."

„Danke", sage ich dankbar. „Wenn ihr ‚reden' möchtet, tut das gerne, ihr kennt ja die Modalitäten. Ich bin bereit für Kontakte mit euch. Aber sagt mir doch mal, warum wolltet ihr mit mir in Kontakt treten?"

Die Dämonen lockern sich auf, richten sich auf, werden zu Individuen, wirken heiter, fast lustig, antworten:

„Wir wollten dich zurückhaben, du warst mal eine von uns, du warst eine von den Schlimmsten!"

Alle lachen. Ich muss auch lachen.

Sie heben ab in Richtung Himmel. Ich rufe ihnen nach: „Tschö, Genossen, see you later!"

(Dämonen verstehen alle Sprachen.)

Kurz darauf begegne ich einer alten Frau mit Rollator. Wir grüßen einander. Sie sieht mich an mit Not in den Augen. Was soll ich machen. Ich bin überfordert.

Da springen drei der ehemaligen Dämonen herbei. Sie kommen von schräg oben, eifrig, hell, hilfsbereit. Sie stützen und stärken die alte Frau, was ich nicht kann. Sie tun, was zu viel ist für mich, was mir in der Situation unmöglich ist.

„Ist Käthi durch ein Wunder geheilt worden?"

„Um Gottes Willen, nein, auf keinen Fall. Das war ein Placeboeffekt."

„Aber sie hatte doch Visionen?"

„Das ist der Frontallappen."

Ach so.

***

„Hat Omi das Licht gesehen, als sie starb? Sie hatte so ein glückliches Lächeln auf dem Gesicht."

„Das war nicht Gott, das waren die Medikamente."

Nun wissen wir das auch.

***

Nun bin ich der, welcher mit vierzehn Jahren schon angefangen hat mit … Sie wissen schon … und der jetzt auf dem Totenbett immer noch sagt (dieses Mal zur Krankenschwester): „Leg dich zu mir, meine Süße. Wir wollen nichts auslassen! Wir lassen's krachen!"

***

„Herr Doktor, Sie wollen mich doch nicht totmachen?!", sagte die alte Frau zu ihrem Hausarzt, der die entsprechenden Spritzen mitgebracht hat.

Sie selber hatte in ihrem Testament vor Monaten Sterbehilfe verfügt. Das hat sie völlig vergessen. Nun sagt sie entsetzt zu ihrem Hausarzt: „Herr Doktor. Sie wollen mich doch nicht totmachen? Das hätte ich nicht von Ihnen gedacht!"

***

Im Hospiz sagt ein Pfleger zu einem Todgeweihten:

„Ich tue gern alles für Sie, aber bitte, behandeln Sie mich mit Respekt. Auch wenn Sie krank sind, auch wenn es Ihnen schlecht geht. Ich behandle Sie auch mit Hochachtung. Soll ich Ihnen etwas zu trinken bringen?"

***

Wenn ich gestorben bin, trauert nicht zu lange. Einmal heftig – und gut is'.

Ich muss nämlich weiter, zum obersten Chef.

Vermutlich bekomme ich erst einmal Urlaub. Verdient hätte ich den.

Danach arbeite ich weiter.

Mit dem obersten Chef.

Halbtags.

***

Hier gibt es einen vier Meter breiten Rasenstreifen. Auf dem grasen jeden Tag drei kleine Kaninchen (obwohl, wir sagen immer Hasen).

Nun sollen hier Parkplätze entstehen.

Aber die Hasen brauchen doch Gras;

Autos brauchen kein Gras.

Mithilfe meines Reimebuches kann ich nun sogar „dichten". Also:

Lieber, guter Weihnachtsmann – sorry, ich meinte Weihnachtsbaum.

Zuerst hofiert und ausstaffiert,

dann weggeschmissen

oder im Schredder zerrissen.

So macht es der Mensch.

Widerfährt ihm das Gleiche?

(Ich meine, als Leiche.)

Wir wollen aber nicht im Negativen verharren,

einander nicht einfach im Boden verscharren.

Sondern dem Mit-Menschen Ehre geben,

im Tode genauso wie im Leben.

Uns selber positiv verstehen,

nach und nach die Erde zum Guten hindrehen

und sie im Lichte der Liebe sehen.

Ja, so sei es.

Segnen, segnen, segnen.

Haben Sie sich heute schon gesegnet?

Haben Sie mich heute schon gesegnet?

(Bisschen unverschämt die Frage, aber ich dachte mir, versuch's einfach mal.)

Wär' jedenfalls nett.

Haben Sie Ihre Verwandten, Nachbarn, Feinde, Freunde, Wohnung, Garten bzw. Balkon, Ihr Auto, Fahrrad oder/und Ihre Schuhe schon gesegnet?

Ihre Gesundheit, Erkrankung, Behinderung, Ihren Besitz, Immobilien, Hartz 4, Ihren Lippenstift, die Bräunungscreme, Ihren Schmuck, den echten oder unechten (der ist echt unecht).

Egal, geht alles, da gibt es keine Grenzen,

einfach mal ausprobieren.

Sie werden merken, wie viel Spaß das macht.

Besonderen Spaß macht das Segnen der Feinde.

Wenn's nicht sofort klappt, bleiben Sie dran!

Übung macht den Meister, die Meisterin.

Wenn Sie jetzt unwillig sind oder genervt wegen dieses Textes, machen Sie erst mal Pause.

Dann segnen Sie Ihren Kaffee, Ihr Brötchen oder Ihren Keks.

Lecker, gell?!

Segen – so steht's bei Wikipedia

(althochdeutsch *segan,* auch *segon, segin, segen*; entlehnt aus lateinisch *signum* „Zeichen, Abzeichen, Kennzeichen", ab dem späten 2. Jahrhundert auch Kreuzzeichen), bezeichnet in Religionen ein Gebet oder einen Ritus, wodurch Personen oder Sachen Anteil an göttlicher Kraft oder Gnade bekommen sollen. Der christliche Begriff Segen entspricht dem lateinischen Wort *benedictio,* abgeleitet von *bene* „gut" und *dicere* „(zu-)sagen", also: jemandem Gutes [von Gott her] zusagen.

Ziel des Segens ist die Förderung von Glück und Gedeihen oder die Zusicherung von Schutz und Bewahrung. Der Segen erfolgt mit Worten und Gebärden (z. B. Handauflegung, Segensgestus, Ausbreiten der Hände, Kreuzzeichen, Salbung), die die wohltätige Zuwendung eines Gottes zu der gesegneten Person oder der gesegneten Sache symbolisieren (siehe Segenszeichen).

Im weiteren Sinne und davon abgeleitet wird das Wort Segen auch verwendet, um Freude über ein Geschenk oder eine Situation zu beschreiben (Dieses Kind ist ein Segen für uns.) oder um Fülle auszudrücken (Erntesegen, Torsegen). Der Fluch kann als Gegenteil des Segens verstanden werden. Auch kann das Wort „Segen" ironisch für eine unwillkommene oder allzu reichliche Gabe verwendet werden.

Friede den Menschen, die bösen Willens sind.

Das wär' doch mal was ganz Neues.
Die Engel in Bethlehem sangen:
Friede den Menschen, die guten Willens sind.
Das ist gut, das ist wichtig, das ist richtig.

Friede den Menschen, die bösen Willens sind,
das ist eine ganz andere Hausnummer.
Friede den Arroganten, Vergleichern, Ignoranten, Besserwissern, den
Lügnern, Betrügern, Verwirrern, aber auch Friede den Kapitalverbre-
chern.

Auch denen!

Und ein Ende aller Vergeltung, aller Rache.

Friede meinen Feinden.

Lasst uns das doch mal zu Ende denken:

Angenommen, ich habe einen Feind.

Dann hat der Feind mich.

Dass ist dann eine Verkettung, ein Karabiner, eine Symbiose. Feindschaft
funktioniert nur mit mindestens zwei Leuten, Familien, Gruppen oder
Staaten.

Was wird denn passieren, wenn die letzte, die ultimative Veränderung
eingetreten ist, das Dahinscheiden, Hinübergehen, Einschlafen, wie immer wir das nennen möchten, um das Wort sterben, um das Wort Tod zu
vermeiden.

Also, wie geht es dann weiter mit der Feindschaft? Die ist doch mit dem
Sterben nicht aufgelöst.

Muss ich dann meinen Feind in meinen Träumen im Jenseits wiedertreffen? Müssen wir uns dann weiter hassen und verfolgen? Er mich bzw. ich ihn.

Ohne Feind kein Feind.

Das wär' krass.

Alle möchten doch erlöst sein. Möchten letztendlich eingehen in den Zustand des ewigen Seins, wie immer der aussieht. In dem wir alle sind.

Vom Beginn aller Zeiten bis zum Beginn aller Zeiten. Friede den Menschen, die guten Willens sind.

Diese haben bereits den Frieden,

zumindest in ihrer Absicht, in ihrer Gesinnung.

Im Geiste ist die gute Absicht schon die Tat.

In dem Wunsch nach Frieden liegt schon die Vollendung.

Ist das nicht schön?!

Bei der Aktion „Friede den Menschen, die bösen Willens sind" und es bleiben wollen, ist die Sache kompliziert. Wenn die das Gute nicht wollen, es ablehnen, dagegen ankämpfen, wenn sie partout bei ihrem bösen Willen bleiben wollen, was machen wir dann?

Wir lassen sie einfach. Die müssen das mit sich selber ausmachen. Es gibt keinen Zwang zur Vergebung, zur Harmonie. Also, Friede den Menschen, die guten Willens sind, sowie denen, die bösen Willens sind.

Frohe Weihnachten, ein glückliches neues Jahr und schöne Ostern.

Ich bin

Das Alles – das Nichts will ich nicht sein.

Ich bin das Immer – das Niemals will ich nicht sein.

(Wenn ich das nicht will, dann bin ich das nicht. Gedanken sind Realität.)

Als Mensch verwirkliche ich Gott –

als Gott verwirkliche ich Mensch.

Ob ich „gut" oder „böse" bin, entscheide ich.

Ich habe die Wahl.

Es liegt bei mir/an mir.

Du suchst Gott?

Schau in den Spiegel.

Bei welchem Namen soll Gott dich nennen, wenn Er dich ruft?
Sage es ihm.
Am besten sofort.

Bei welchem Namen willst du dich nennen, wenn du dich rufst?
Sage es dir.
Am besten sofort.

Sag es mit Liebe.
Sag es in Liebe.

Wie ich schon sagte:

Wenn ich dereinst gestorben bin,

stellt euch vor, ihr brächtet mich zum Flughafen.

Meine Linie heißt „Heaven's Air".

Bitte nicht verwechseln mit „Heil's Air", die gibt es auch.

Auf der Rollbahn gleich nebenan.

Die nehm' ich nicht.

(Ich bin doch nicht blöd!)

Ich bin bereits im Transitbereich.

Ihr bleibt in der Flughalle.

Trauert nicht zu lange.

Einmal kräftig – und gut is'.

Ihr seid: mit-einander, bei-einander, für-einander. Bitte.

Ich muss weiter, hebe ab, steige auf, lasse die Erde unter mir, lasse sie hinter mir, unsere liebe, schöne, arme Erde.

Im Aufstieg stehe ich mir gegenüber.

Mir gegenüber stehe ich, frage mich:

„Was hast du getan auf Erden? Wie hast du es getan? Warum hast du es getan? Was war deine Absicht? Absicht zählt, nicht die Vollendung.

Ich antworte mir.

Ankommen. Angekommen. Angenommen.

Darf schlafen (schließlich bin ich ja bereits entschlafen). Erwachen – wa-
chen – tätig sein.

Für mich, für dich, für den obersten Chef.

(halbtags)